成功した者は暗闇を避けてはいない

上月わたる

牧野出版

成功した者は暗闇を避けてはいない

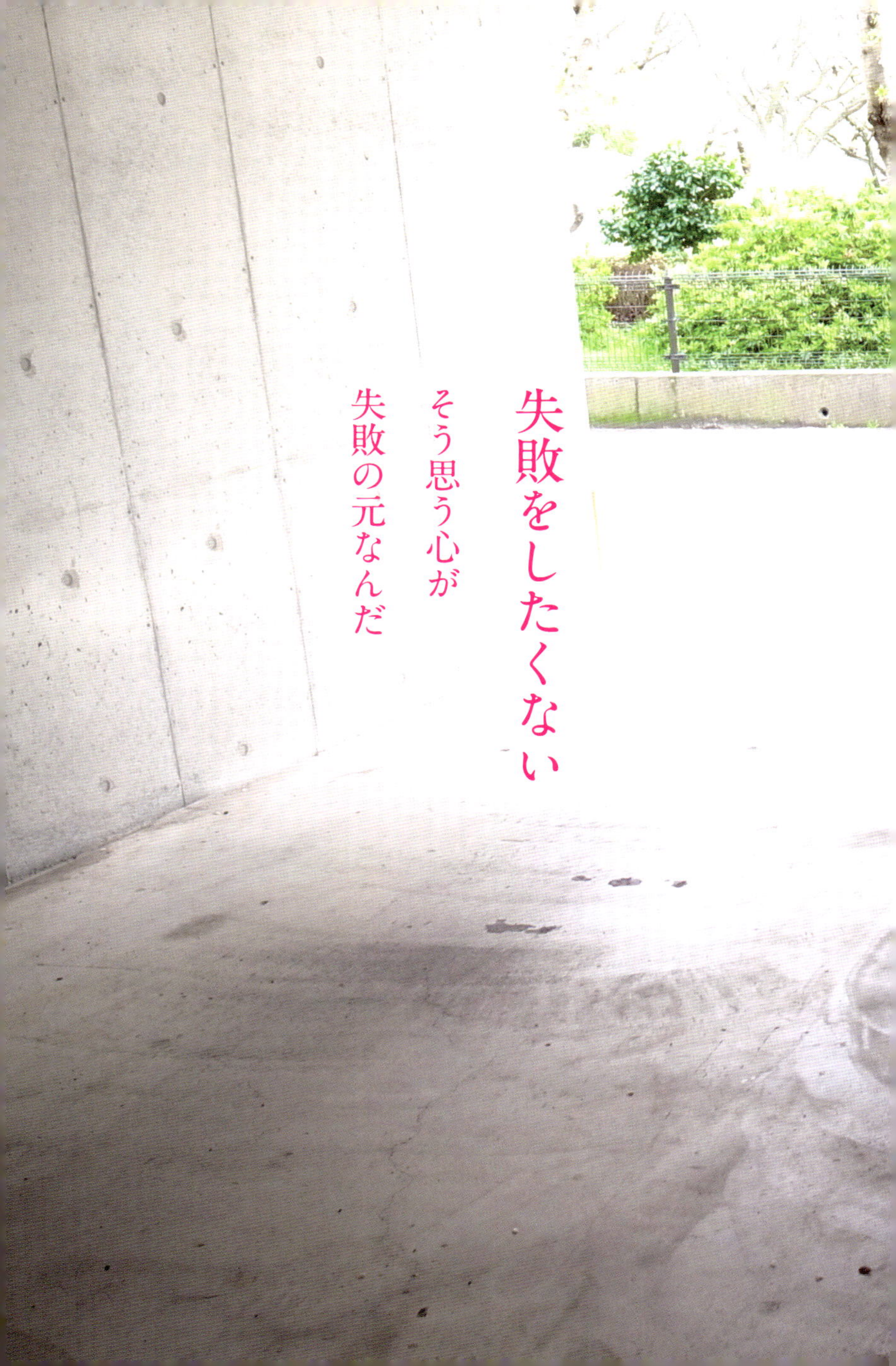

失敗をしたくない
そう思う心が
失敗の元なんだ

太陽に当たりたいか

それじゃ、外に出ることだな

苦労は人生につきもの
味方にしてしまえばいいんだよ

TEAM
一流ホ
日

下心って
嘘と同じだな

人を恨んでも

人生の足しにはならないね

話半分

言ってみりゃ三分

本当のことは一分五厘

Access lot

前向きの考え方が
福の神を呼び込む

滑り台を
下から上に滑っていくことは
出来ないよ

行動は勇気
躊躇《ためら》いは恐怖

なんとかしなきゃ、と言う前に
なんとかすることだ

おぉ、こんなところに！
と思う場所に
宝なんてあるものだ

堪え忍ぶことだって
勇気のいることだ

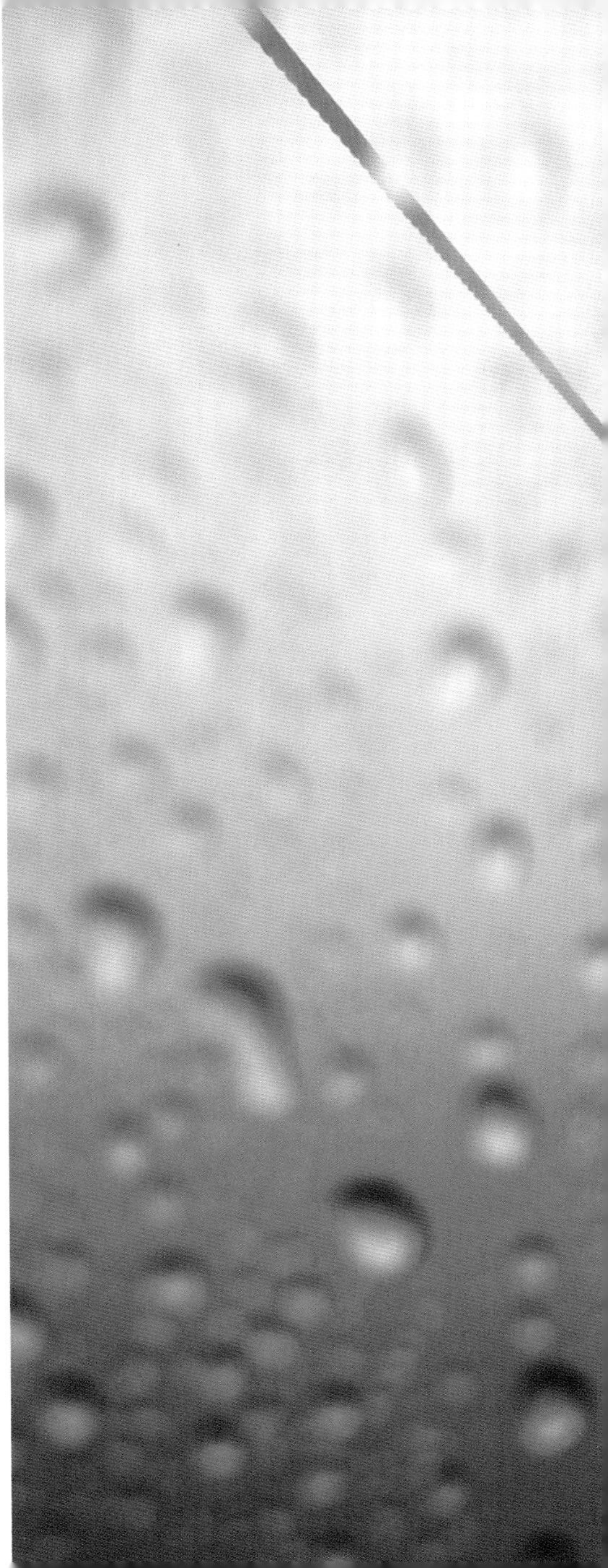

悔しかったら
「よし、やるぞ!」
と声に出して
自分を励ますことだ

間違っていてもいい

やり通してみることだ

自分だったらどうするか
ものを分析するときの大切な見方だな

ゆとりは自信から生まれる
日々の暮らし方が反映するよ

美味いか
不味いか
甘いか
塩っぱいか

食べてみれば
分かることさ

一人で笑うのもいいけれど
みんなで笑った方が
大きなパワーを生み出すぜ

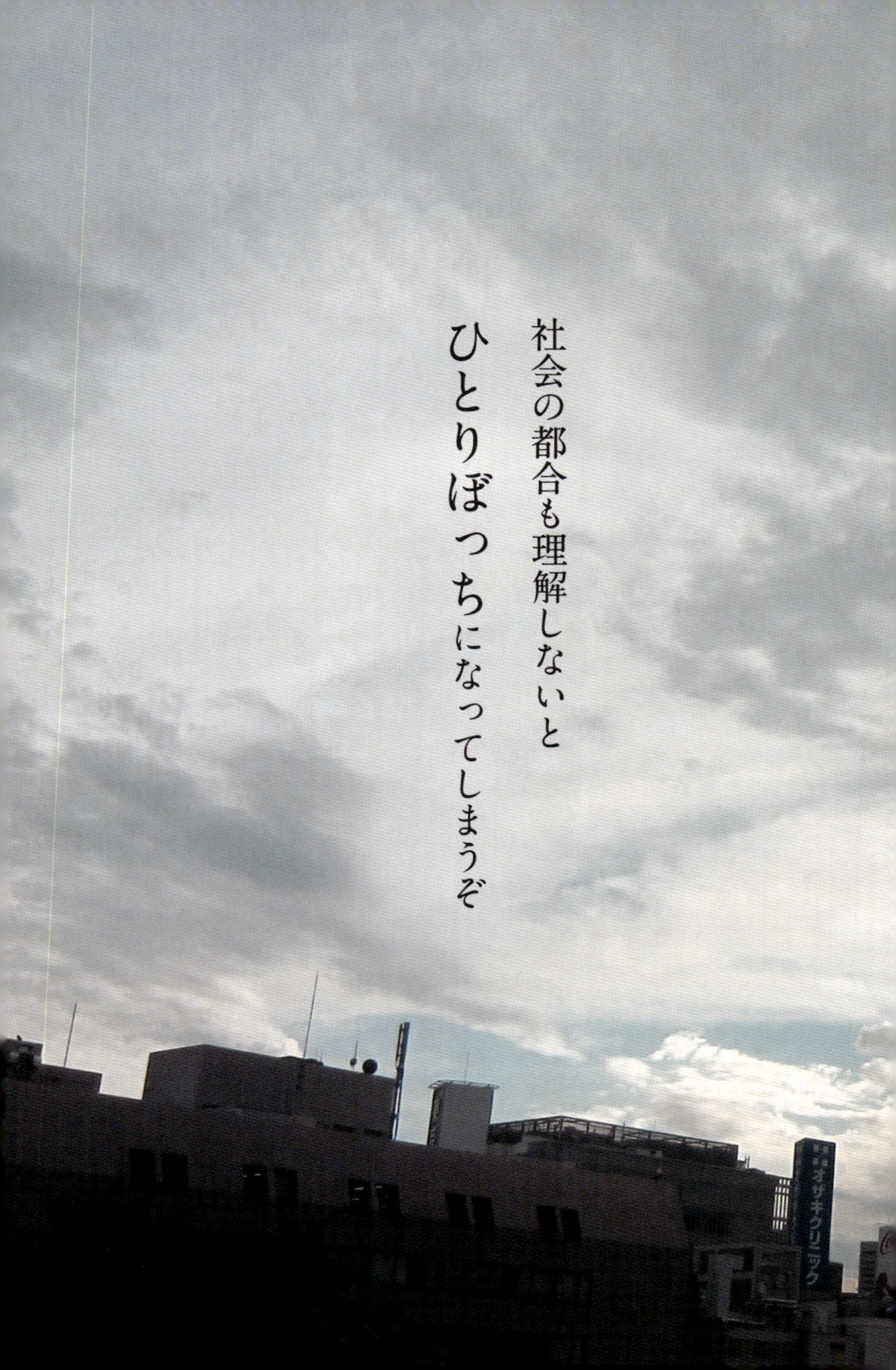

社会の都合も理解しないと
ひとりぼっちになってしまうぞ

出会いのすべては
最初の挨拶で決まる

美しい言葉を
美しく話す
これが
美人の証《あかし》

八方ふさがりと言ったって
天と**地**が空いているな

出来ることは
人に教えてこそ
身につくものだ

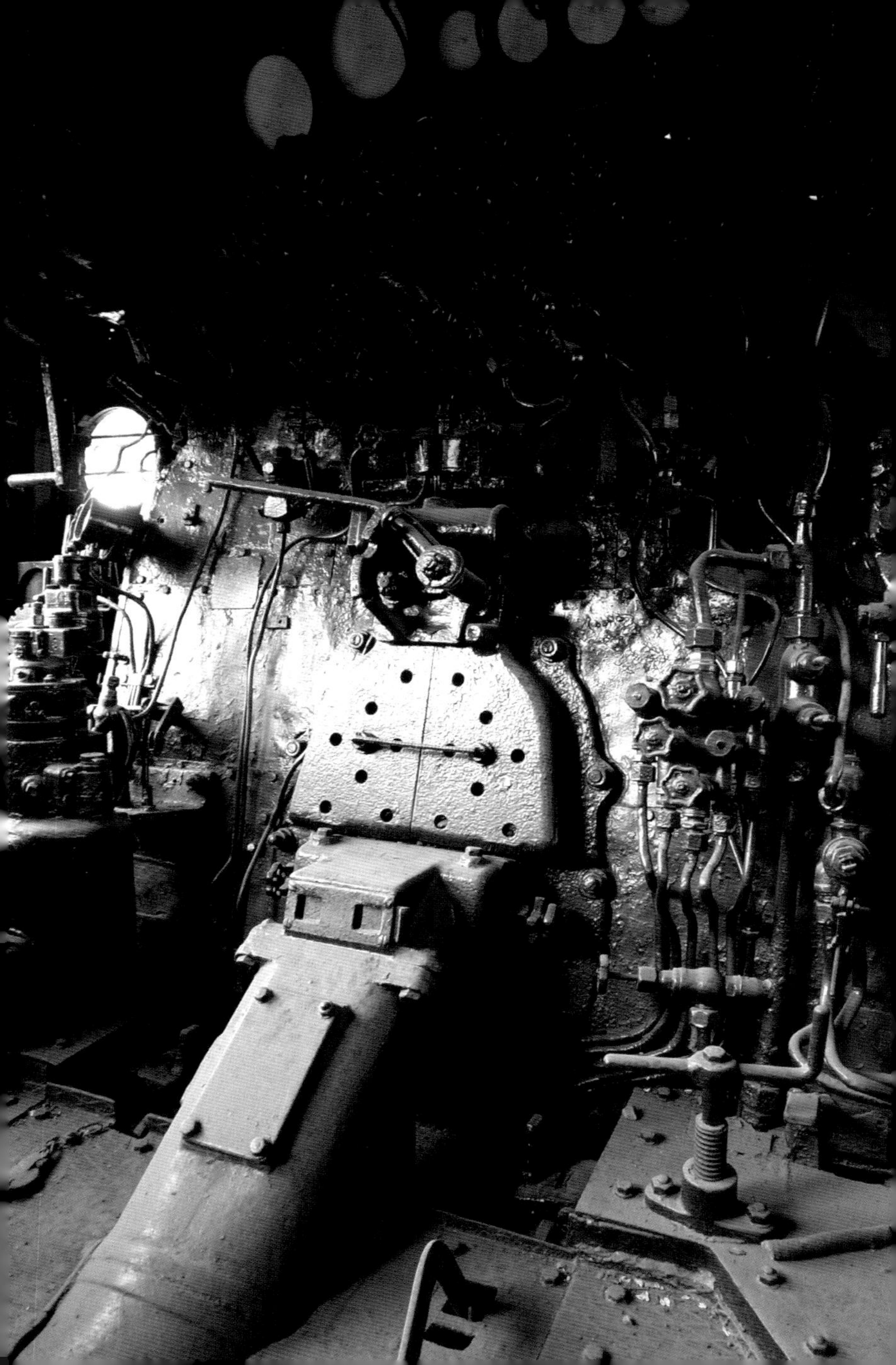

敵は群がってくるほど面白い
戦い甲斐があるってものだ

大きな利も期待できる

WELCOME!

迷い道に入り込んだときこそ

新たな発見のチャンスかも知れない

腹いっぱい食べるより
美味しく食べる一杯だな

SAPPORO
サッポロ生ビー
ホール
HOPPY

苦しいときほど休みに逃げない
好調なときほどしっかり休むことだ

苦手な相手ほど近寄ることだ
処世術にも磨きがかかる

いつでもどこでも
思いついたら
まず、やることだ

人との出会いを粗末にする人は
生き方も粗末にしているんだな

あきらめないことだ
幸運は遅れてやって来るよ

いらっしゃいませ
営業中
9:00~17:00
いらっしゃいませ
営業中
9:00~17:00
Coca-Cola
宅急便
17:00

相手の都合に
合わせることで
活躍の場が
大きく広がるぞ

PAN PACIFIC

間がいい人は
お金をつかむチャンスを
知っているね

道楽だって突き詰めていけば
悟りに近づくことになるんだよ

怒鳴っている人を見てごらん

嫌なものだ

真似したくなくなるよ

目の前に海が広がっている

さあ、漕ぎ出していこうか

自分の足跡だけは
拾ってこれないね

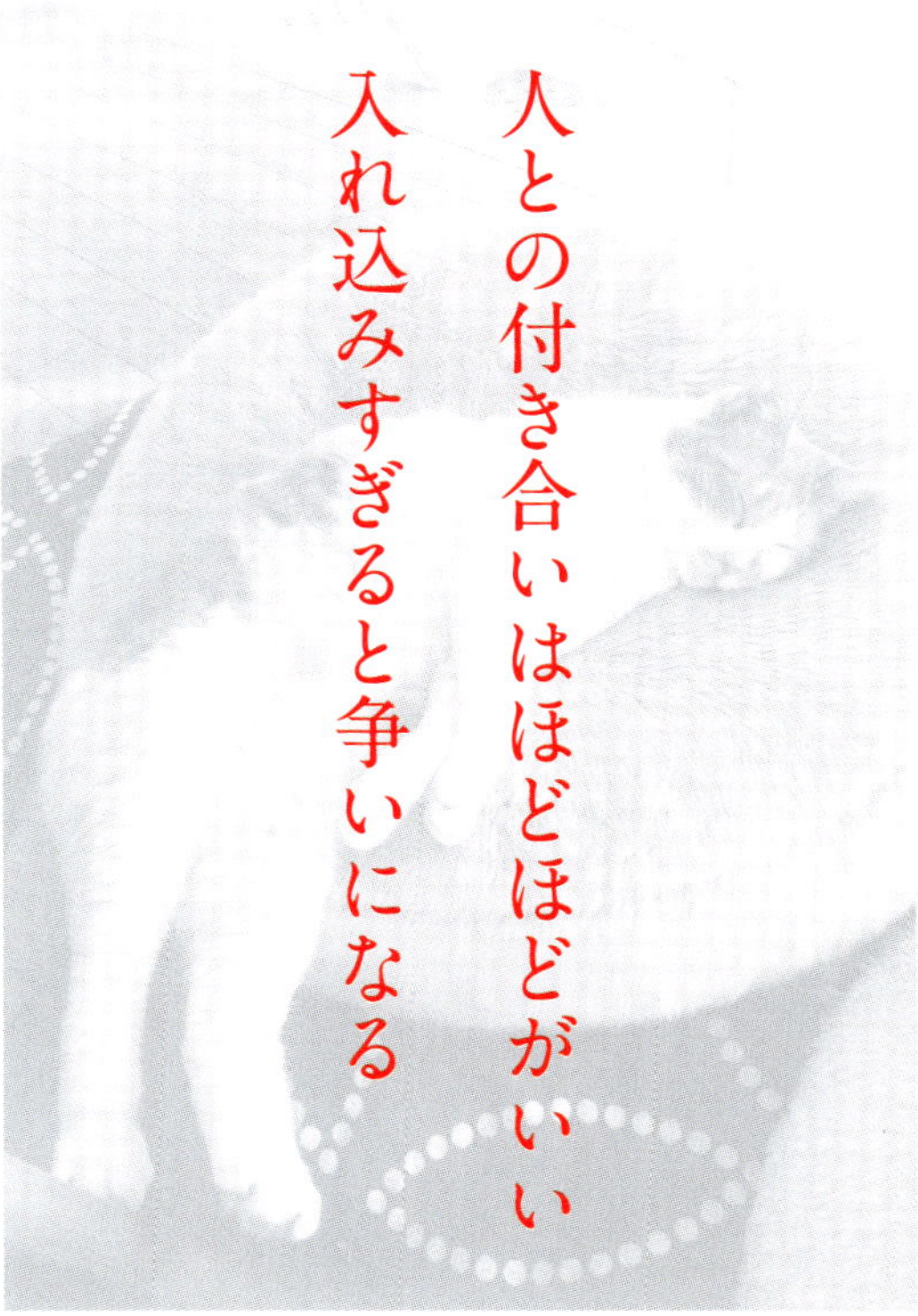

人との付き合いはほどほどがいい
入れ込みすぎると争いになる

空が暗ければ暗いほど
星はより輝くものだ

大きな期待は大きく人を成長させる

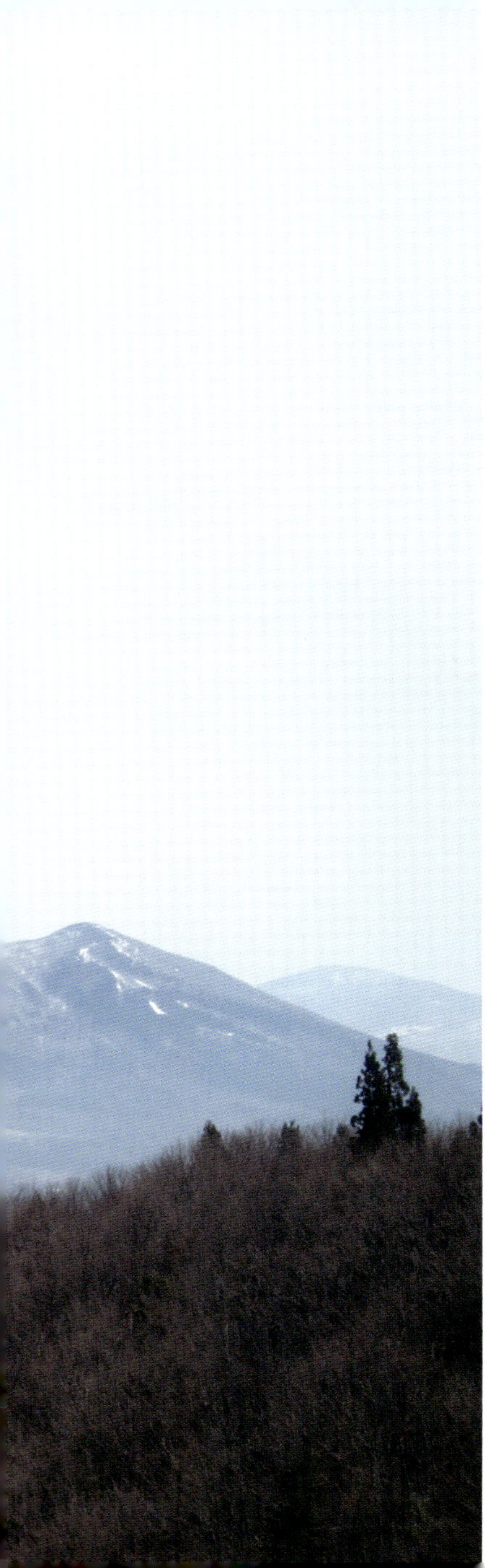

目の前に山があるなら
まず、登ってみようよ

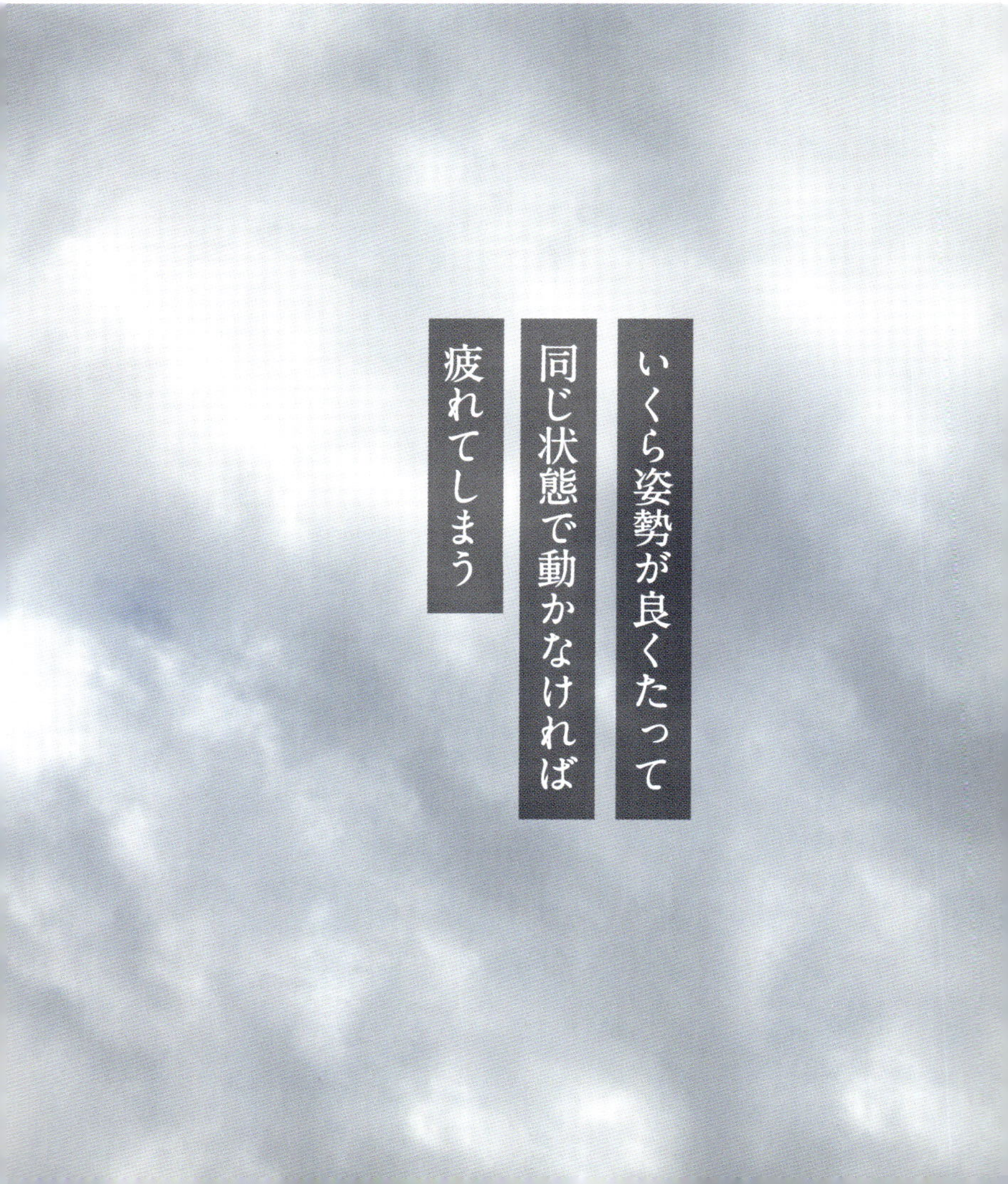

いくら姿勢が良くたって
同じ状態で動かなければ
疲れてしまう

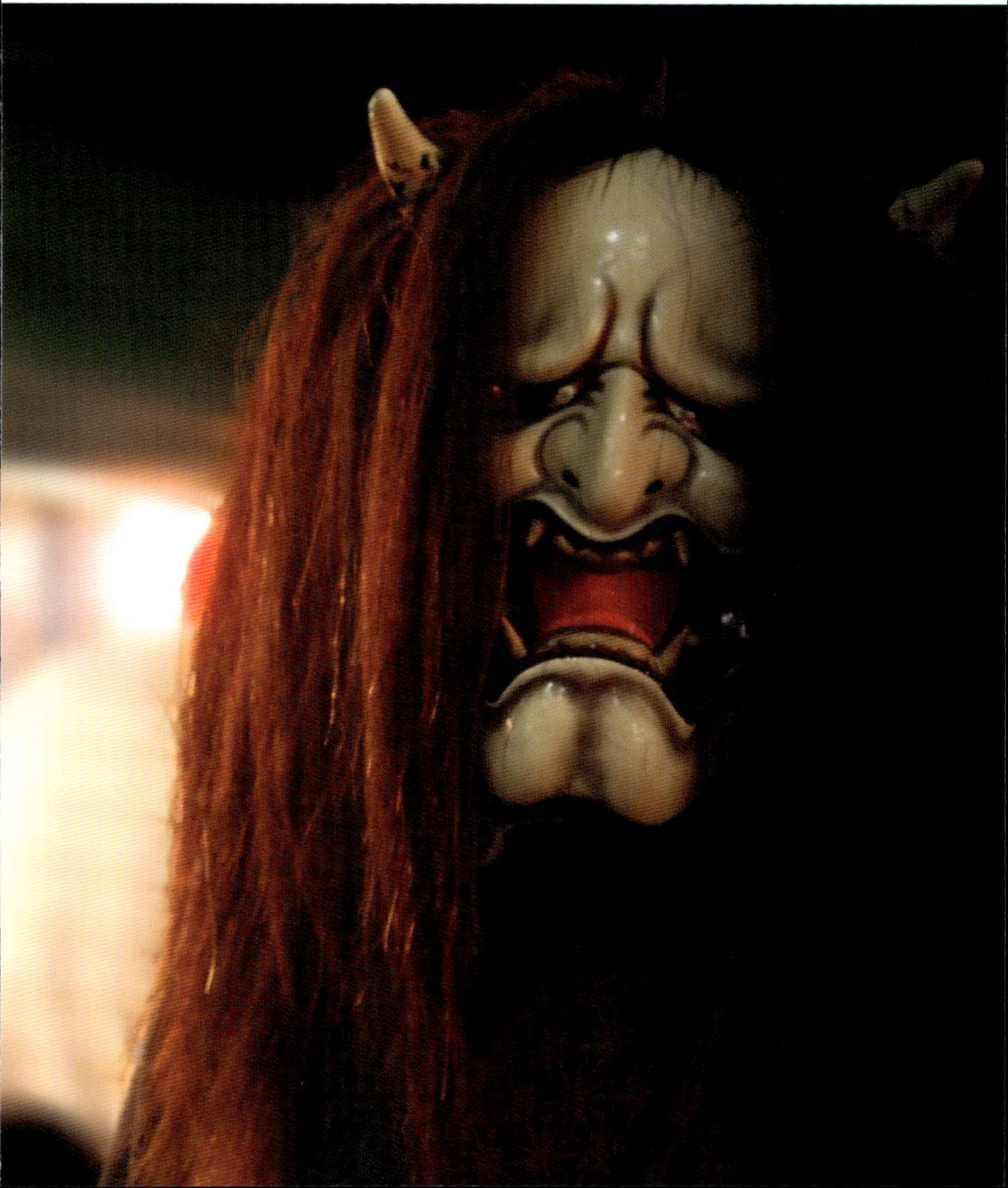

怒りのままに進めても
上手くいくわけがない

愛情のない説教は
嫌味の垂れ流しと同じだよ

こころが焦ってきたら
天を仰いで
三つ数えてみてごらん

花は偉いよ
咲き時を知っている

成功した者は
暗闇を避けては

生の自分の顔は

自分で見ることが出来ない

忙しいときほど
背伸びして
ゆっくり周りを
見渡してみることだ

Ride It . . .
Feel the
POWER
SPACE SHOT

解決を急がなくてもいい
そんな問題もあるんだよ

人の指は、なぜ５本なのか

きっと、それにも意味がある

宝くじの列に並ぶ時間と辛抱を
ほかに向けたらいいのに

明るい声は
聞きやすい
明るい声は
気持ちが良い
明るい声は
それだけでいい

返事を軽んじてはいけないな
返事はその人の人格そのものだ

深い穴を掘りたければ
広く掘ることだ

作物の良く出来る土は
入念に耕し
手入れを怠ってないね

何事も度が過ぎると
碌《ろく》なことにはならないね

道端の景色に目をやれる
そんな余裕を持ちたいね

相手を理解することで
信頼も深まっていく

信ずる力を
侮ってはいけない

出来た、ことと
仕上げた、ことは
違うからね

アタマの柔らかさは
人間の幅をつくるね

出来るからって
威張りだしたら
おしまいだな

雨が降っているのか
たまには
素直に濡れていくのも
いいものだ

人生に起こる問題の大半は
解答が用意されていない

過去のことを自慢するって
格好悪いし
情けないね

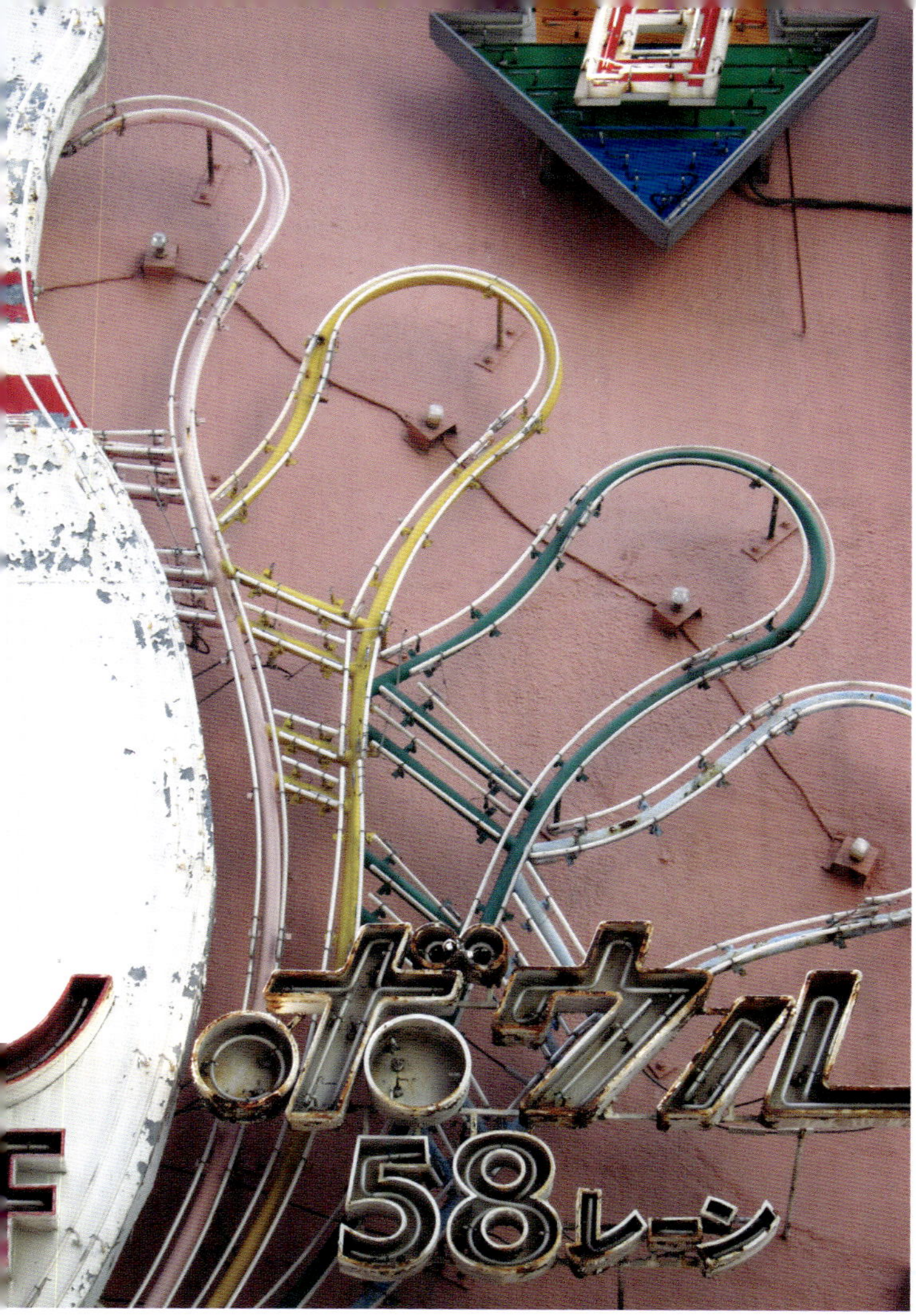
ボウル
58レーン

怒るときは
いま、ここで
後で、となると
怒れないものだ

出来るだろうか
出来ないだろうか
そんな迷いは
成就の敵だ

持ち味を生かしてことに当たれば
信頼を勝ち得るものだ

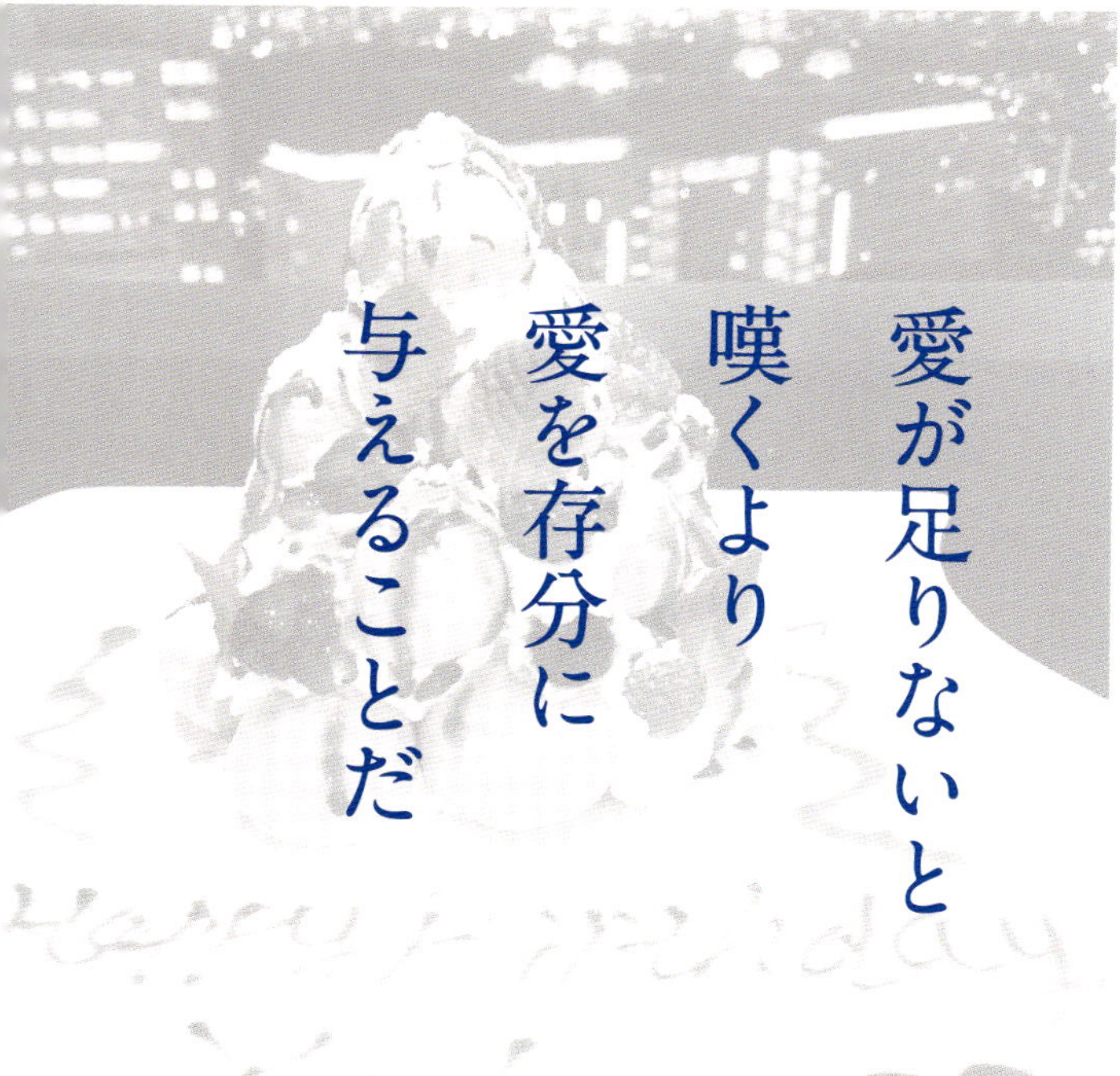

愛が足りないと
嘆くより
愛を存分に
与えることだ

Happy Birthday
Yoko

焦ることないさ
実るまで
待ってればいいじゃないか

起きてしまったことを

とやかく言うより

次に進む道を見つけることだ

得意技を一つは持つこと
それが
大きな成果へとつながるよ

250
200

考える、だけじゃなく
考え続けることで
中身が厚くなる

坂井歯科医院
入れ歯で、お困りの方へ。
045-251-3201

好き、と言う前に

相手を理解しているかい

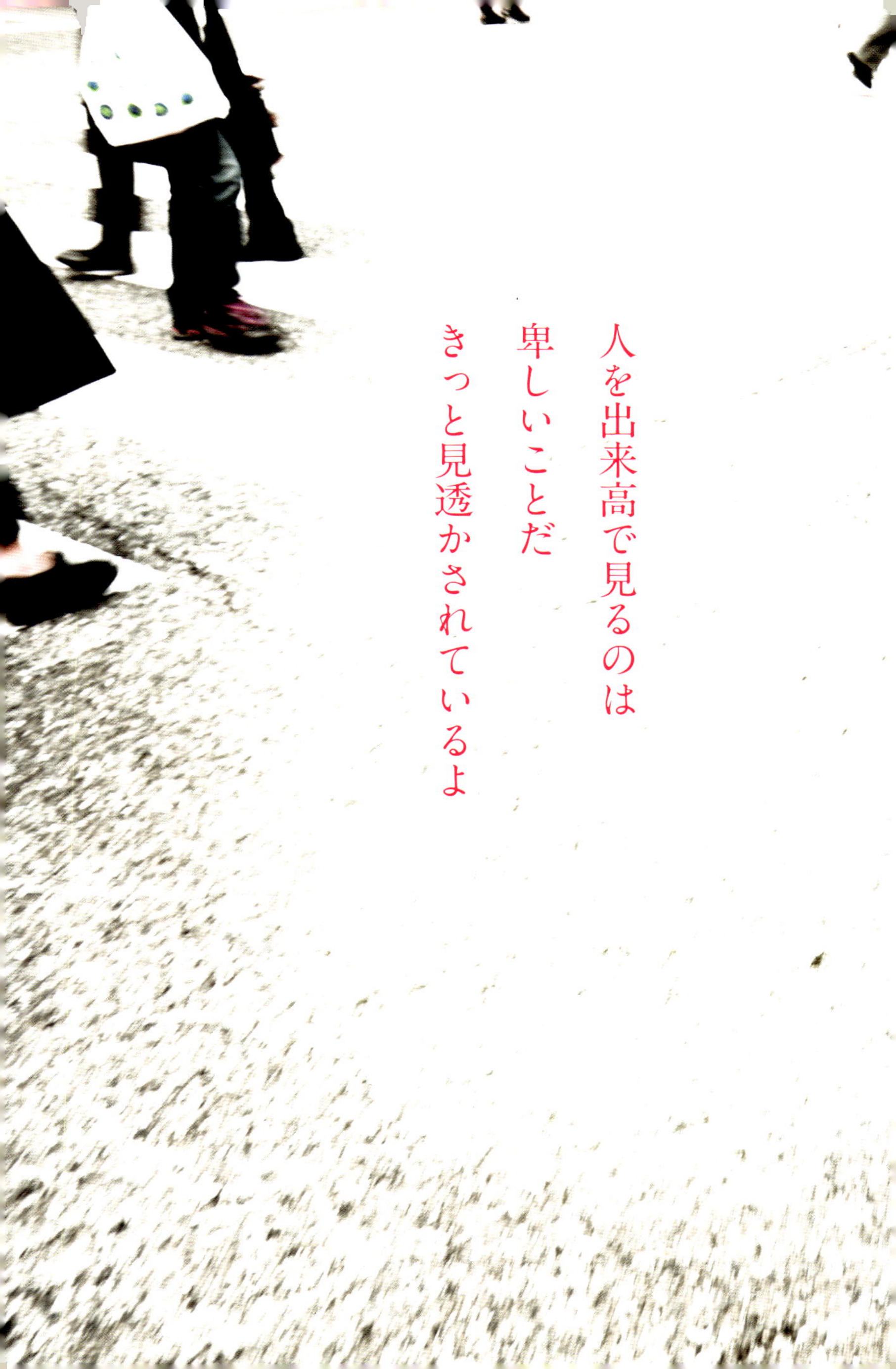

人を出来高で見るのは
卑しいことだ
きっと見透かされているよ

機転が利くというのは
処世術の一つだな

横に折れない竹だって
縦に割るのは簡単だ

食品店

物があふれた暮らしより
足りないくらいが
ちょうどいいかもしれないね

心地よいお世辞には
毒がいっぱい盛られているよ

良い仕事をしたければ
上手に休息をとることだ

お弁当 飲物
創業明治24年
桃中軒

行きたいところがあるなら
自分の足で行くことだ
他人は運んでくれないよ

なぜ、歩いてばかりいるのかって？
幸せの道を探してるんだよ

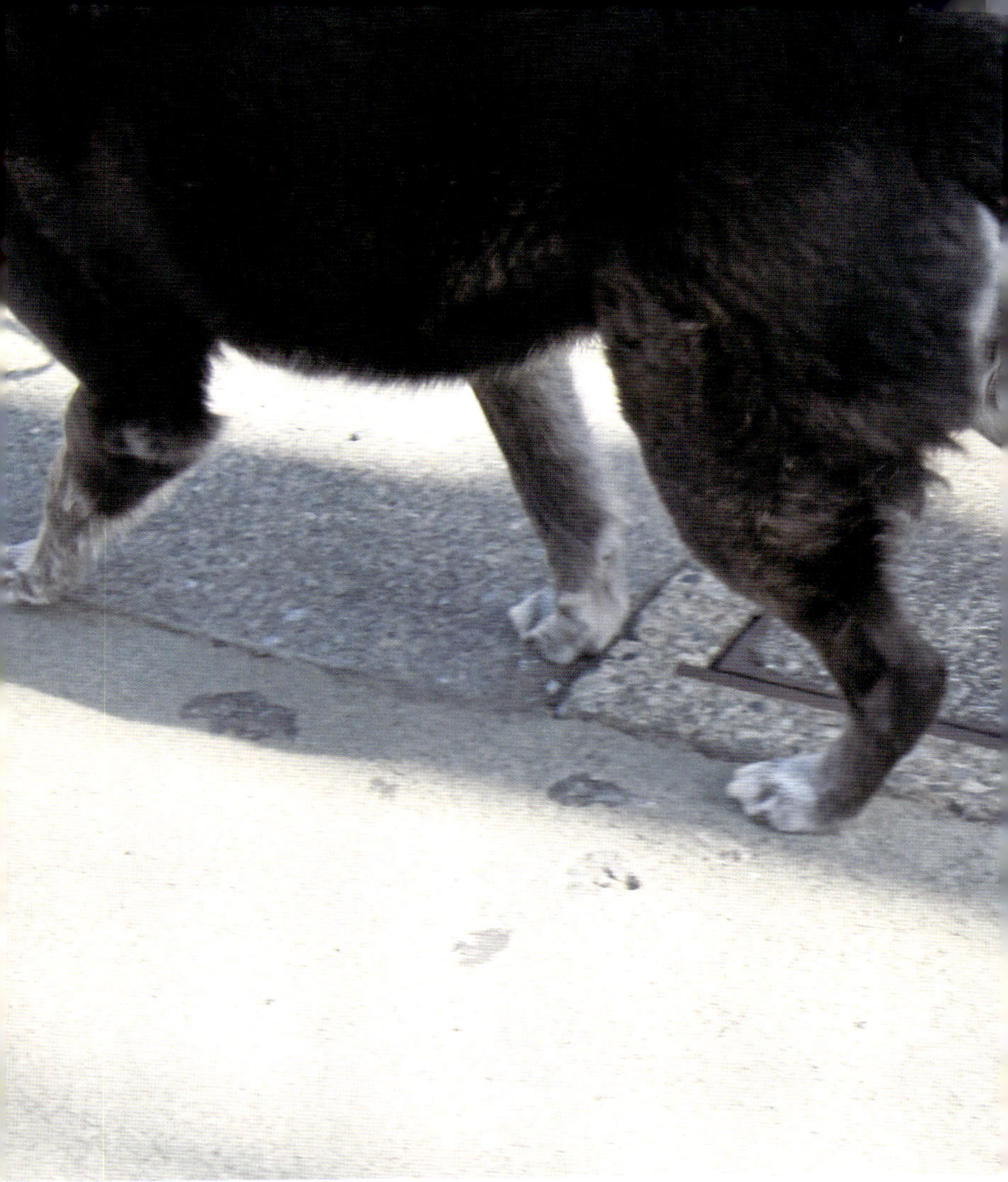

憎しみの連鎖を絶つには
許す心が鍵となる

人にものを貸したなら
貸したことを忘れるんだな

目を閉じた方が
見えることって
あるものだ

あとがき

人生の暗闇は、いたる処に、どこにでも転がっている。その暗闇にこそ誰もが欲しがっている宝物が隠されている。その宝物を見つけ出した者が勝者というわけだ。一口に暗闇と言っているが、一人一人暗闇は同じではないことに気づいて欲しい。

自分にとって暗闇に見える部分であっても、他人の目には明るく映るかもしれない。人生経験や、生きざまによって変ってもくる。思い込みという個人差もあろう。いずれにしても、闇の部分を嫌っていては、勝ちを手にすることなど覚束ない。

美味しい食事にありつきたければ、手さぐりでもいい、分からなくてもいい、手抜きのない一日とせねばなるまい。美酒もまたしかり。闇を避けて明るいところばかりを求めていたのでは、何一つ手元に入って来るはずもない。

人からの頼まれ事も同じことだ。自分に直接関係のないことは、言ってみれば闇と同じである。そこでそっぽを向いてしまうと、いずれ、その相手に頭を下げなければならない事態に遭遇した時、さて、どうしようといったことにもなりかねない。

選挙演説などでもしばしばお目にかかる舌禍のたぐい。これは「禍は口より出ず」の故事にならうまでもなく、やはり闇の一つであろう。

「人生一寸先は闇」とは、昔から言われていることではあるが、人の歩みについての是非は、あらかじめ解答が用意されているものではない。もちろん、結果もその場にならないと分からない。

人生、泣くも笑うも、結局のところ勇気が根底にあるのだ。やってみる勇気こそが、人生の泣き笑いを握っていると言えよう。さあ、勇気を出して駈けてみよう。答えが君を待っている。

上月わたる

二〇一五年四月吉日

上月わたる（こうづき・わたる）
1934年、香川県綾歌郡飯山町（現丸亀市）出身。地方テレビ局のアナウンサーとして活躍していたが病に見舞われ職を辞し、日本全国放浪の旅へ出て数多くの知己を得る。様ざまな職業を経験した後、現在、国際エコロジー団体の日本代表を務める。
著書に『気楽にいこうよ 自然のままに』『完璧を求めるから辛くなるんだ』『後だって先だって 辿りついたら同じだよ』『雑草の如き道なりき しがらみ編』『雑草の如き道なりき 病苦編』（牧野出版）がある。

写真協力　東寺昌吉 ／ CONROD
デザイン　CONROD

成功《せいこう》した者《もの》は暗闇《くらやみ》を避《さ》けてはいない

2015年5月25日 初刷発行

著　者	上月わたる
発行人	佐久間憲一
発行所	株式会社牧野出版 〒135-0053 東京都江東区辰巳1-4-11 STビル辰巳別館5F 電話 03-6457-0801 ファックス（ご注文）03-3522-0802 http://www.makinopb.com
印刷・製本	精文堂印刷株式会社

内容に関するお問い合わせ、ご感想は下記のアドレスにお送りください。
dokusha@makinopb.com
乱丁・落丁本は、ご面倒ですが小社宛にお送りください。
送料小社負担でお取り替えいたします。
 ISBN978-4-89500-187-8